JN438183

하얀 시간

소리로 읽는 책

이 책에는 글을 읽을 수 없는 분들을 위한
점자 · 음성변환용코드가 양면페이지 우측 하단에 있습니다
별도의 시각장애인용 리더기 혹은 스마트폰 보이스아이 어플을 사용하여
즐거운 시 감상이 되기를 바랍니다
voiceye.com

Over a Wall
Poetry
26

하얀 시간

리규창 시집 3

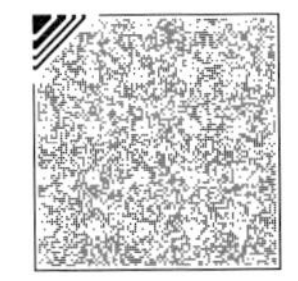

■시인의 말■

하얀 시간

조용히 눈을 감고 가슴에 손을 얹어
신중스러운 생각으로 과욕은 아닐런지
스스로의 아집 속에서 판단을 흐린 것은 아닐까?
생각하고 또 생각을 해봅니다

사십여 년을 적어온 글
그래도 버릴 수는 없다는 스스로의 답을 구하여
세번째 시집 『하얀 시간』까지 이르게 되었습니다
부족하지만 그래도 제게는 소중한 글이지요
이번 『하얀 시간』은 1980년도 글부터 골라서
1990년대 글들을 중심으로 묶어봤습니다

글들 중에 반복되는 말들이 여러 곳 있어
독자분들께서 식상하지 않을까 걱정이기도 합니다
그래도 인류만세를 외치고 통일을 바라는 마음
일상과 사랑에 대한 얘기들을 풀어 봅니다
부족하지만 누군가는 따뜻한 추억을 잠시 잠깐
떠오르는 지난 시간을 따듯하게 느끼기를 바랍니다

제 목청을 가다듬으며
짝을 부른다
둥지 틀 자리를
눈어림 한다

부여 추양리에서
리규창 씀

차례

1부 절름발이 외짝새

1980~89

2부 짝과 둥지

1990~99

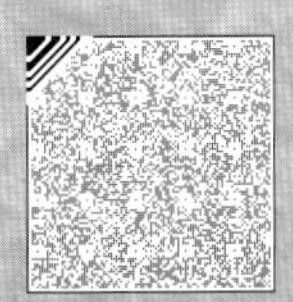

2부 짝과 둥지

1990~99

3부 널문리 2000~2010

4부 삼남매 2011~

1부

절름발이 외짝새

바다로 가자

아이야
용궁 문이 열리는
바다로 가자

어머니께서 기르시는 기쁨!
춤추는 물살무늬 받쳐 이고

아이야
넓은 바다는
우리들 꿈

하늘이 와 닿은 곳까지
어기여차 대망의 물결무늬

밤 길목

으스름한 밤 길목
홀로 선 여인이여
별 헤아립니까?
떠난 님 안타까워 가슴 태우시나요

사랑은 외로운 거라고
허공에 띄우십니까?
풀벌레 울음소리는
여인의 눈물 방울이 보일 듯이

누군가 살며시 다가와
여인을 안아갈 것 같은 밤하늘
바람에 이는 한마디
좋은 사랑 좋게 맞자고
좋은 사랑 좋게

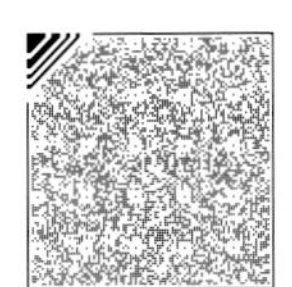

사과 장수의 외침

진짜 사과요 진짜 사과
진짜 사과가 여기 있습니다
자, 자 어서들 오세요
한 무더기 이천원
반 잘라 천원이면 진짜 쌉니다
망설이지 마시고 사 보세요
지금 맞바로 대구에서 올라온
진짜 싱싱한 사과입니다
만약 집에 가셔서
신맛이 난다면 가지고 오세요
이 사과들 모조리 드리겠습니다
진짜 싸요 진짜로 싱싱합니다
망설이지 마시고 사 보세요
사과요 사과 진짜 사과
진짜 사과가 여기 있습니다

황무지

- 1981년 8월 15일

삼복 장군이 맹위를 떨치는 가운데에서도
아이들은 더위를 마다 않고
물 찾아 뛰어놀았습니다
보세요, 지칠 줄 모르는 순박한 지혜

하늘이 가까운 곳에
까치발로 헤아린 일흔 두 해
그 반쪽은 아이들을 어리둥절케 하고
그 반쪽은 짐짓 두려움이려

초가을 바람 어김없이
들녘과 산은 저리도 곱게 영글어 가는데
등잔 밑 서른여섯 해 황무지
또 그렇게 지나칠 것입니까?

황무지에서의 만남을 기다리는
저린 악몽 속에
섬뜩, 같은 다른 아이가 보일까?
하지만, 모두 내 아이란 믿음뿐이오

원점

잊자 잊으라 그 여인을 잊어야 되느니
잊어야 하느니 그 이름 곱게 썼다가 애써 지우려는
달콤한 밀어 뉘와 다시 쓸까요

불씨 묻어 둔 사랑마저 소나기 맞는 마음이랴
담배 연기 자욱한 침실 창문 열고 별에게 묻는다
흐르는 시냇물 낙엽에 그 이름 띄워 보내리까

잊으라 잊어야 하느니
밤새껏 달아나 지친 그 여인 그 이름이여!
어찌하오 날 밝으니 원점이라

봄 오솔길

두리둘이 두리둘이 젊은 연인들
피려는 듯 보채는 풋내 봄바람에
괜스레 시린 눈 절로 애타고

홀로 걷는 오솔길 누구 웃길래
분홍 댕기 푸른 옷 철쭉꽃 소녀
그 향기 못 잊어 여기 이렇듯

서너 발치 낯선 산유화
토라진 폼 어여뻐 망설일세라
지는 봄 소리 없이 님 잃을까

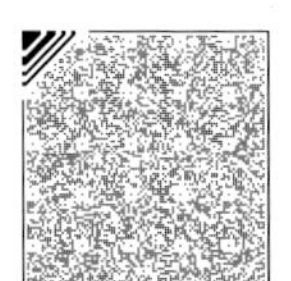

님 생각

스산한 하늬바람
백로 무리를 거느리고 유달리 설치는 밤

님은 중강진 혹한에 홀로 떨겠다
중동에서 아메리카에서 피의 곡예가 유행이 되어
내 발등에 불이 떨어질 것 같은 조바심
신비로운 안경 소중히 쓰고 님 냄새 쫓는다
내키지 않았던 별거 지구가 거꾸러져 멸한다 해도
님은 결국 돌아올 것을 애써 외면하고
옷깃이 어지럽게 춤을 춘다
최후 발광인 양 몸을 가눌 수 없는 세찬 바람
전신이 수축되고 발이 굳는다
님 젖무덤에 훌쩍 안기고 싶은 심정
님도 새삼 느끼겠는데 추운 계절이라 못 오는가 보다
눈이 녹고 흙에 생기가 돌 때쯤이면
우리 사랑도 믿음을 찾아 강남제비 만나고
산에서 들로 들에서 강으로 넘쳐흐르는 화기 만끽할게다

한 조각 별조차 문이 닫힌 삭막한 밤
님은 어디쯤에 홀로 떨까?

봄 손님

남쪽 나라 봄장군 님 머물다 간 뒤로
빙산이 무너져 엎드린 겨울 잔해들
속속들이 청소하며 새 단장을 시작합니다

깊은 계곡 그늘진 곳에도
손님 맞을 준비로 들뜬 기분들
산에 산 메아리로 들에 들 메아리로
가눌 수 없게 법석일 즈음
아이들은 이내 문을 박차고
거리로 쏟아져 밀립니다
개울 건너다 발 빠진 녀석
돌부리에 치여 주저앉은 녀석
허둥지둥 하면서도 질서있는 물결
제 자리를 찾아 일손 거듭니다

어느덧 아지랑이 우쭐대는 그림 동산엔
상냥한 소녀들이 옷깃 여미며
꽃을 들고 꽃을 이고 손님을 맞습니다

달과 별 이야기

어슴푸레한 저녁
잠잠 소리소문없이
부지런히 일손을 재촉하시어
까만 밤하늘 천장에 별 무늬 총총
둥그런 요술 금박 입히시더니
감아도 감아도 줄지 않는 빛살을
밤마다 내리시는 분
누구세요?

상봉

횡횡 질주하는 고속도로의 광란들은
열 달을 제 모습이 되어 포근한 어머니 그늘 숲으로
뛰어 달음질하는 혈기 영적으로 통하는 상봉
포도나무 덩굴마다 또랑또랑 매달리었고
지휘자 없는 숲 속 불협화음은
바른 걸음 꾸짖는 어머니 채찍
젖무덤을 풀어헤친 생수 후르르 후르르
옛 맛에 상기된 어머니 팔베개고요
한 손엔 평안함을 안고 한 손엔 그리움을 안고
조용히 속삭입니다

"바른 걸음으로 돌아오너라
 바른 걸음으로 돌아오너라"

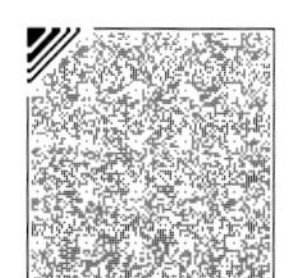

토란

포용력 있는 몸짓으로
하늘을 받든 인내가
과히 사내거늘

옷맵시로 발돋움해
시선 빨아드리는 기교는
네 성性을 짐작하기 어려워

오만일까? 애원일까?
초롱한 눈동자를 반짝여
교통하는 마을을 채찍질 한다

햇살

봄이 지쳐 숨은 까막길 산기슭에서
술술 내리는 햇살 일어라

처음 사랑을 속삭이듯
부끄럼 떠는 몸짓으로 동동 줄달음질 하여

바위를 미끄러져 은빛 비늘 친
물살 굽이 돌이에 옷깃 여며여며 입술 적시고

하늘빛 융단이 깔린 보리밭을 넘보다 그린
입맞춤이 붉어라

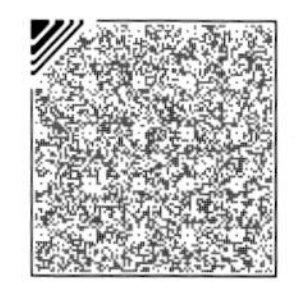

하얀 시간

하루살이 발목 잡혀 주춤일 적에
메마른 인정과 습진 눈길이 멋대로 줄 당기니
옛날은 삼삼오오 무리 지어 오라하고
대답 못하는 하얀 시간 먼 산만 물끄러미
하루살이 반기며 만났던 벗들은
검게 그을린 살갗 익도록 소중한 진주를 캔다
그치들 웃음 벗들은 말이 없이
흙을 파고 흙을 다지며 잠시 외로운 밤엔
하루살이 익힌 술로 자장가 부르며
동이 트면 벗들은 땀내 배어 흐르는 악기를 켜며
꿈이 널린 벌판을 간다

평화로운 시

잔잔한 저 물살 같은 만남
오늘 하룻강을 건너고 싶다

어쩌다 어쩌다 일는 물결은
나이테 물살 안으로 잦아들고

꿈꾸는 듯 고요한 흐름 위로
스스럼없이 안겨드는 나신들

평화로운 하늘 가득 가득
긴 시를 적는다

무지개

우두우두 소나기가 비켜간 자리
꿈엔 듯 무지개 장대로 뻗쳐
아스라한 길 마냥 즐겁게
먼 데 산을 가로지른 달음질이다

서당 회오

한적한 솔밭 외진 서당으로
이사하던 날부터 낮과 밤이 따로 없는
산새들 노래에 안정된 숨결 가다듬어
눈뜨기 바쁘게 어모장군(禦侮將軍) 머리맡
다소곳이 혈관 맞대고
서툰 획과 모난 몸짓들을 짐작한다
나약한 듯한 산세를 뿌리치려는
청룡 뿔 기상은 무릇 재생이라
생명수 듬뿍 입술을 적셔
깨달음을 귀히 하리다

하루

잡혀 앉히려는 심정으로
밤새껏 손질한 천장은 간데없이
새삼스러운 듯 열리는 하늘에선
햇살이 펑펑 쏟아져 내리고

어둠을 깔고 앉는 억지 속으로
철도 잊은 반딧불이 번쩍번쩍
줄다리기 가쁜 숨결 아랑곳없이
기어이 가슴에 방망이질을 놓는다

절름발이 외짝새

금새라도 함박눈이 쏟아질 듯한 날씨다
깃털빛이 푸르른 새들과 배부른 새들이
또 다른 먹이를 찾아 깃을 두들기며
하얀 눈발을 반기려는 듯 아우성인데
먹이를 제대로 줍지 못하는 절름발이 새가
둥지 밖 솔밭 그늘로 하는 일 없이 되돌아나간다
자연은 평등함을 나누어 준 듯 말이 없어
젊어 병든 가난한 절름발이 외짝새가
오묘한 섭리조차 힐책하려는데
하늘은 우중충히 솜방망이 만한 눈덩이로
그나마 널린 먹이를 덮어 목을 조르려는지
한때는 부릴 닦고 깃털을 뽐내며
주변을 살피는 것조차 귀찮은 듯
그렇게 막연히 살아오던 작은 새가
제 걱정이 겹쳐 서성이고 있다

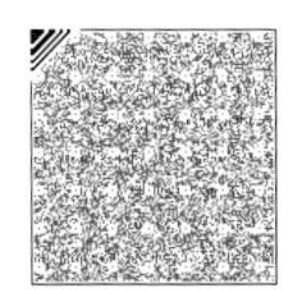

시절

해 뜨고 구름 우는 들을 지나
달이 지는 산골짝에 빠져들 듯
봄 동산에 눈바람 그칠 날 없어
이 겨울엔 강남꽃 터트리겠다

눈 내리는 날

하얀 꿈이 펑펑 봇물지는 산촌마을에
찌푸린 마음들조차 하얗게 바다를 열고

산새들 훨훨 이끼꽃 날개에 접어
까마득히 멀어져 간 지평선 너머 하늘에서

귀 익은 듯한 걸음걸이 잔잔히 몰려와
아이들이 따라 그림 놓는 오붓한 시간

허물 많은 옛날을 하얀 눈발에 쓸어 날리며
비탈진 언덕 구렁에도 하얗게 집을 짓는다

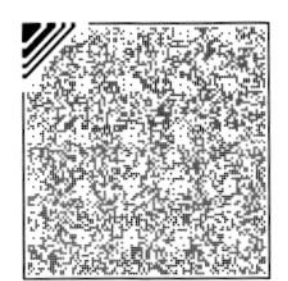

죽음을 뿌려 심고

주인 잃은 홀가분한 죽음을
온 산야에 뿌려 심고
봄을 기다리는 겨울 속으로 떠나갔다
가난에 볼모 잡히지 아니하고
사랑하는 모든 온기 가슴에 앉혀
붉은 울음을 다독이며 긴 강 건넜다
잠시 육신 편안한 자리에서
홀로 웃는 산유화이고자

인생을 노래할 때면 인생이 죽고
사랑을 노래할 때면 사랑이 죽어

흔적을 염려하지 않는 작은 바람으로
스스럼없이 길을 여는 마을을 굽어
그림 읽는 이야기들 하나하나가 산유화요
내 밀주를 한껏 풀어 갈등을 넘는다
옛날에 그 어색했던 굉음들조차
오늘을 눈뜨게 하는 음률이 되어
죽음다운 죽음이 춤을 추는 바다에서
시어를 낚는 어부로 자란다

겨울 산

눈 덮인 숲 속 길을
산노루도 겁이 나서 발자국 옮겨 가는데

겨울 산을 두루 밟고
나무다발 머리에 인 저 아낙은 뉘 엄마일까?

깜짝 놀란 산지기
발을 동동 입술 떨 적에

먼데 산 놀다 오던
방앗골 찬바람이 큰 눈발 몰아옵니다

한 마리 새를 길렀습니다

한 마리 새를 길렀습니다
함부로 조잘거리지 않는 목청 고운 새로 자라기를
산이 좋아 산 나들이로 들이 좋아 들 나들이로
새와 취해 달리는 가시덤불 길도
한껏 무지개 걸린 하늘이었습니다
세월을 접는 날개 화사한 무늬가 없어도
먹이를 쪼는 부리 남달리 뾰족하지 못해도
한 마리 새는 부지런히 노래를 물어 날았습니다

아이들이 꿈을 긋는 놀이터로
불 꺼지지 않는 공사장에서 휘청대는 도심지를 지나
억새꽃 흔들리는 내를 건너고
검은 바다 안개비 촉촉 머리에 꽂아
날던 새가 달리던 새가 어느 날 불쑥
건너지 못하는 강가 고목에 앉아
고요히 머리 숙이고 망설이는 노래가 있습니다
밤낮으로 망설이는 노래가 있습니다

2부

짝과 둥지

할아버지의 상심

둥그째 솔밭 그늘에 철푸덕이 주저앉은 내 할아버지
넋나간 사람마냥 물끄러미 들녘을 내려다 본다

큰길이 뚫려 살기 좋아진다며 다락논 수렁논이 반듯하게 몸단장을 하더니만 그 길로 두레와 품앗이와 비럭질을 내팽개치며 달아나는 젊은이들 아무렇게나 버려진 인정 위로 경운기 트랙터가 달리고 이앙기 콤바인이 쌀쌀마저 지그시 눈을 감으셨다 아그배 둠벙 방아다리를 오고가며 새참을 나르는 광주리 안에 따뜻한 근원과 휴식과 꿈이 푸르르게 살쪄 갔는데 날 삭은 호미와 괭이 녹슨 가래가 제 무덤에 안식지 못해 눈물을 펑펑 쏟고 있었다 한 마지기 넉 섬이 넘는 쌀가마니 배는 불러왔지만 한 마지기 석 되도 못 되는 인심 정은 메말랐다 시골을 병들게 하며 서울로 서울로 금맥을 쫓아 떠나갔던 옛적 젊은이여 조심껏 인정을 풀고 그나마 버틴 시골 인심을 북돋워 서울로 서울로 뿌리를 뻗쳐라 내 할아버지 흰머리 숫자만큼이나 속상히 묻혀갔던 향취는 둥근 문명을 낳기 위한 시련이라 마음을 달래야겠다

둥그째 솔밭 그늘에 철푸덕이 주저앉은 내 할아버지
넋나간 사람마냥 물끄러미 들녘을 내려다 본다

화양 들녘에서

찌든 가난을 양식으로 반찬으로 공사장을 누비며 수를 놓는 땀방울은 혼이 담긴 기능이요 예술이었다

금맥을 잡는 학식과 재주가 뛰어나 외제차를 굴리며 골프채를 손에 잡은 세상 안에 못생긴 걸음들이 작품을 흐리게 할 때마다 나약한 벗들은 붓을 던져 수인복 갈아입는 빈터에서 진한 울음 자아낸다 삽질로 망치질로 자재를 나르며 값지게 금을 캐는 세간들은 세상 안에 어여쁜 걸음 늘 매서운 눈초리 속에서 얼굴은 숨겨져 있었다 매번 떠들썩하게 오르는 교각 훗날을 약속할 수 없는 시공으로 이론과 상식이 무너져 내린 골절 겉모양만이 반듯하다 올가미 부대에 갇힌 벗들이 울며 겨자 먹기로 끌려가는 골짜기 가난은 가난대로 큰 혹을 달아 무거운 발걸음 어지러운 여로다

날이 새면 작은 이웃과 적은 벗들이 불안히 일출을 맞는지라 들로 산으로 근심 많은 바람이 온종일 화양 들녘에서 흐느낀다

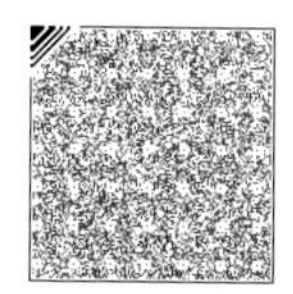

정도령을 그리며

정도령은 언제나 내려올 준비가 되었건만
정도령을 영접할 자세가 소홀하구나

물줄기 속을 표류하며 맥을 차단하는 종교들은
목소리만 높여 현판만 늘어가고
어느 종교든 우리 속에 얹혀가야 할 것을
우리를 얹혀 가려하니—
승려여 목자여 마니산 참성단에 구름처럼 모여
진정한 우리 목소리로 기도문을 외우소서
그때 비로소 자유와 평등이 감금된 샘물은 터져
해방이 오고 통일이 오고
흰 모시 적삼 두루마기 갓을 쓰고 긴 수염 눈부신
정도령이 고운 맵시로 계룡산에 내리는 순간부터
우리는 새 깃발을 꽂아 우리 밖에까지 펄럭일 것이다

정도령은 언제나 내려올 준비가 되었건만
정도령을 영접할 자세가 소홀하구나

서당산

언제나 다소곳이
혈로 매듭을 꿰어 순결을 지키는 여인
가난한 지아비가 피를 토하며
개똥산 모퉁이를 헤매일 때부터 소복한 당신은
정화수를 떠 올려 메밀산 봉우리에 소원 빌었네
애지중지 키워온 자식들 눈깜짝일새 달아나던 날에도
죄인처럼 다소곳이 조상님 앞에 불같은 눈물 뚝뚝
낯설은 관습들이 월담을 하여 도적질을 하던 날에도
하얀 옷매무시가 휘엉청 밝은 당신은 순결한 여인입니다
마음에도 없는 걸음들이 가끔씩 휘젓는 비탈길에서도
당신은 개의치 아니하고
시할머니께 물려받은 춤사위로 한판 굿을 벌입니다
항상 돌아올 자리를 비워 무지개를 두르시며
어린 자손들 응석마저 놓칠세라
산세를 쫓아 가슴 조이시는 당신은
오늘도 다소곳이 합장을 하였습니다
정녕 당신은 순결한 여인
장한 어머니시여

정류장 버스 안에서

살을 에는 저녁 어스름 추위에 봄들은 웅크리고 있지만
버스를 기다리는 모든 가슴 속엔
어딘지를 향해가는 꿈 그곳엔 봄볕이 쏟아지고
기름진 강물이 흘러내리는 곳 풍요로운 가을이 도사려 있다

버스가 출발하자 근심은 흙먼지 속에 묻히고
어린이들 눈빛엔 불꽃이 튀어
각자 설레게 띄운 배들은 순항을 하며 바다를 건너고
보따리장사 아주머니 마음도 어느새
가까운 목적지에 도달해 있었다
차창에 매달리는 물체들은 꿈이요 목적지요

무지개 덮인 산자락을 밟으며 조심스럽게 정상에 오른다
지긋이 눈을 감으시는 할아버지 그림 속에
자장가가 춤을 추는 새색시 젖가슴 속에
사랑이 오붓한 연인들 눈길 속에

그대 생각

깊어 가는 밤 내 마음은 문밖을 서성이오
그대 백로 부채춤으로 까막산 기슭을 넘었을까?
잔바람 소리에도 가슴이 뛰고
달이 숨은 밤 그대 토라지며 주저앉을까?
내 마음은 이따금 흐르는 별빛마저 의심하며
소태강 나루에 배 띄우오

그대 간절한 눈빛이 소리 없이 흩날리는 밤에
지는 낙엽에도 옛이야기 젖어드는 뜰 아래에 멈춰
깊어 가는 밤 그대 마음도 목 붉게 엎드렸소
어느 쯤에 긴 옷자락 여미며 백로 부채춤 훨훨
검은 그림자 거두어 놀까?
하얗게 가슴은 뛰고

봄

꿈쩍하지 않는 바위 벽에 틈이 생긴 쪽으로
동장군이 쩔쩔매 달아나고
봄 기운은 조심스레 기웃입니다
언제부턴지 소식도 없이 줄을 선 행렬
손에 들린 봉지마다 씨앗이 가득
온 산야가 설레임 투성이

칡꽃 지짐이 널을 뛰는 골짜기엔
귀한 손님들 몰리어 오고
양지쪽엔 더덕 도라지가 한껏 햇볕 바람에 취한 한나절
숨소리조차 멎은 듯한 그늘에서
젊음을 뻗치는 소리 사랑을 다투는 소리
온 산야가 젊음 투성이

혈맥을 지키는 묘지를 향해 합장하는 모습들
이제는 넉넉한 표정이 둘러
속속 열매를 맺는 계절
나직한 속삭임에도 소홀하지 않으려고
꽃 비늘을 흩날린다
온 산야가 사랑 투성이

돌아온 고향에서

지친 몸과 마음을 끌고 돌아온 고향 그늘 숲에서
깊은 시름에 빠져듭니다

메밀산 말잠자리들은 오간 데 없이 날아가 버리고
방아다리 건너 냇물에서는
이상한 모양으로 나타난 물고기들이
죽음에 익숙해 어린시절이 까마득합니다
하늘은 제 눈빛을 잃은 듯 잦은 다툼으로
뜬구름 속에 무지개 무늬가 흐트러지는 곳
할아버지와 아들과 손자가 낯설기만 합니다
작은 빈 보따리만이 내게 짐이 되는 고향을
멀찌막이 떠나야겠다고 생각하면서도
지친 마음만은 옛날이 훤히 내려다보이는
팽나무 가지 위에 곱다랗게 묶습니다

묘지 앞 비석마다 새겨진 글자들이 이끼 옷을 벗을 때
백로 부채춤으로 둘러 온전히 돌아올 것입니다

잔디 작업

지난 석 달 동안 내 눈빛에 익숙지 못한 생활로
영영 발목을 잡혀 주저앉을까?
조바심하던 걸음은 눈감짝일새 홀가분한 일터로

가장 가까운 듯 가장 먼 형제들조차 나를 아는 척
정을 떼려는 행위라 손가락질하겠지만
그 가슴들은 시퍼렇게 멍이 들어
영리한 머리만으로 네모난 시선을 경계하여
집안을 치장하는 놀음

그것이 삶이란다 물결이란다 생활이란다
내 눈빛에 익숙지 못해
넓직히 길이 뚫려 땀 보따리가 산적한 곳에서
진주를 캐려고 단단한 산벽에 올라
곡괭이로 잔디를 심으며 보드란 흙밥을 뿌려
정성껏 다대기질을 합니다

붕괴를 막아서는 초롱한 눈빛들이
우르르 번뜩여 들 때 안심하는 걸음들이
한결 고울게다

작은 목공

광천에서 금싸래기 땅 분당으로 구슬땀 뚝뚝 진주를 캐는 사람들 속에 어엿이 못주머니를 찼다 네모 난 세상 안에 대접받지 못하는 생활이지만 사연이 많은 노동들이 의식 없이 산 세상을 토하며 네모 난 세상 안에 유혹들이 다독이는 꿈을 흩트릴 때마다 새롭게 짓는 거푸집 속에 온갖 미련을 밀봉하는 시간들 더욱 갈등하는 동료들이 던진 끈에 간신이 매달려 보지만 나약한 인간이기에 점점 가까워지는 손짓이며 목소리며 엄지손가락은 까맣게 멍이 들고 발바닥은 못에 찔린 수난이다

망치질 톱질로 일에 묻혀 정신을 안식시키다 보면
자신도 모르게 의식 없이 무너져 내리는 하늘을 버티고
틈이 벌어진 인륜을 동여매는 네모난 세상을 쪼는
작은 목공이 된다

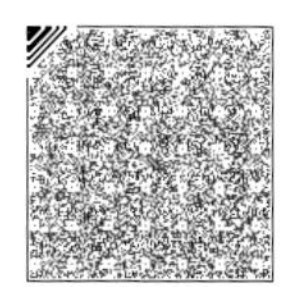

시골

네모난 풍경들이 하나둘 시골로 이주해 오면서
인정을 가꾸던 마음은 저당을 잡혀갔다
저들아 굴뚝에서 도깨비 연기를 뿜어내던 날부터
사랑으로 버티던 창고엔 칼로 자른 온갖 양심을
법전으로 저려 냄새조차 남기지 않았다

어른을 잃어 차례가 숨가쁜 거리로
땀구멍이 막힌 젊은 걸음들이 뿌리를 염려하지 않으며
새 건물을 짓는다 탐욕스런 무늬를 입혀 체통을 세운다
이 거리에서 부끄러운 마음은 이방인으로 추방되어 갔고
이 거리에서 죄스러운 마음은 죄인으로 추방되어 갔다

아이들 교육에도 과녁을 매달아 살인이 번득여 자라고
감정을 담는 그릇들은 강철로 바뀌어 놓았다
시골 산을 넘는 도시바람 힘으로 자연은
있는 그대로 흔들거리지만 지식을 먹은 모든 것들은
바위처럼 꿈쩍하지 않으려 말뚝을 박는다

유성

망설이지 않는 목숨
순간으로 그 밝음을 더욱 커다랗게
별이 하나 밤하늘을 내린다

아이야
네 흔들리지 않는 유리 거울 속으로
유언을 담을 수 있겠구나

영원한 자리 그 영원을 깨트리며
미련을 차단하는 숨결
아름다운 운명이다

섬마을에서 달동네 들마루에서
서울특별시 후미진 골목에서
유언을 주워 담는 거룩한 손길들이

빛살이 감긴 타래실을 올올이 풀어
어둠이 짙게 깔린 바다를 박차며
먼동으로 일어서려 한다

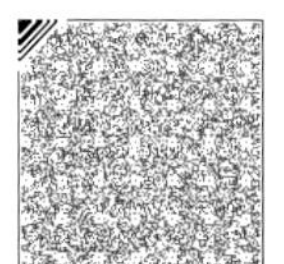

적응

하루살이 방에 걸린 바람막이 작업복들이
억지로 매달린 것처럼 투정을 부리더니
풋내기 목공 세간들이 주인 잘못 만났다고
늘 비아냥거리더니 오늘 아침엔 진흙 투성이 신발이
웃는 낯으로 걸음을 재촉하였네

줄자가 빚는 매끄러운 음악
톱이 목청을 아끼지 않고 망치는 살풀이춤으로—
태양신을 모욕한 어설픈 악령들은 거푸집 속에 가둬
못질을 하고 반생을 틀고
언제나 산골짝 시냇물인 듯 자신에게 속아 꽃나무를 친
어진 척 모진 마음들을 부끄러워한다

군인

- 1991년 12월 1일

아침을 박차고 일어서는 햇살같이
점점 무르익는 광채 군인들이 보인다
적으로부터 산하를 보호한다며 쌓은 벽에
조금씩 기웃거릴 틈이 생기면서
예전보다는 넉넉한 마음으로 와 닿지만
그 적은 부모님 가슴에 못이 박혀
변할 줄을 모른다

분초 근무 중
수화소리 든든한 물살로 출렁이면서도
사람 백정 놀음에 소름이 끼친다

총구 겨냥을 의심해 하는 눈빛들
당장에라도 이 밤을 무너트릴 듯이
방아쇠에 닿는 손가락이 떨리며
모든 총신을 거꾸로 장사 치를 날만을 눈물로
하소연한다, 적을 향해 어둠을 허락지 않으려고
부지런히 빛타래를 푸는 은하수 같은
광채 군인들이 보인다

칠갑산

꿈꾸는 듯 유별나지 않게 생명을 거느린 산세
이웃사촌을 만난 부담 없는 친근감이요
도미부인 같은 토속한 사랑이
꽃지짐으로 전설을 토할 듯
옷자락을 펄럭이네

모든 마음을 비출 수 있는 작은 거울
나직하지만 낙서 한 점 떨어트릴 곳 없이
수련을 쌓는 숨결 유혹을 다스리고
문명이 동떨어진 골짜기에서
말을 잃는 그림자들을 훤히 들여다보며
눈빛으로 타이른다

역사에 끌려온 것 같은 희미한 기억
역사를 포용해 온 울타리인 것은
산자락에 깔린 부끄럼 없는 메아리들이
손을 흔들어 반기네
두드러지지 않은 용모 입을 다문 채
샘물을 내리는 조용한 운동이
종일토록 해를 담는다

앉은 자리 그대로

유혹이 널린 산자락 비켜가지 못하고
쪽문 틈으로 쉴새 없이 기웃이던 눈동자
물살에 휩쓸려 어색지 않은 듯 출렁이네

몇 번을 뉘우친 하늘 가시덤불로 눈이 가려
실마리조차 뒤엉켜 얼굴 잃는 그림을 수 놓는다
울 안팎으로 확연히 절룩이는 화폭 죄스러운 마음에
두손 모으나 머리는 어느새 포장을 두르네

여기쯤 낭떠러지에서 소리 없이 덤불집 허는
작은 풀꽃들 노동을 바라본다
아직껏 몽롱한 정신은 향기 죽은 꽃밭을
벗어나지 못하고 어정쩡히 기지개 펴네

골짝 음지쪽에 과묵히 해를 아끼며
수를 놓아 합장하는 은은한 화음 가슴은 뛰고
속삭이는 이야기로 나무라는 말

“앉은 자리 그대로 귀 밝은 씨앗으로 봄밭을 꾸미세요”

자연과의 교통

거푸집 짓던 노동을 급히 불러 세운
철쭉꽃 아가씨들 노래에 둘려
논틀 밭틀 있는 그대로를 토해 놓는
자연스러운 춤사위에 반한다

바깥 세상에서 들려오는 반듯한 문명
도둑 이야기들을 꼿꼿이 나무라는
제비꽃 꾸지람이 가끔씩 뒤섞인 산자락
가장자리엔 휜칠하게 한나절 햇살을 담는
오동나무 꽃봉오리가 사랑으로 박혀

이웃집 담을 오르내리는 스스럼없는 댕댕이
넝쿨 몸짓이 산마을을 지키는 인심으로 매달려있고
느티나무 그늘 숲에 널린 동화
겉이야 문명도둑을 닮아 갈지라도
속이야 안골 밭두덕에 익모초로 자라다오

산직리 지석묘

어렴풋이 추측으로 헤아리는 청동기시대 무덤 자리
갖가지 의문만을 펄럭이며 미동도 없는 야산에
철푸덕이 주저앉았다 산직리 지석묘라는 글자만이
초췌한 말동무로 옛날은 나무뿌리에 감겨 헐떡이고
솟아오른 돌을 다듬은 듯 눈 밝은 문명으로도
풀기 어려운 슬기들은 아픈 역사 속에 단절되어
늘 짐보따리를 머리맡에 피난살이를 염려했던
근심은 종종걸음을 재촉하였다
똑같은 깊이에 작은 구멍들 반듯한 줄무늬를 입혀
하얀 부채춤과 하얀 노래가 가슴에 방망이질을 놓는다
권력을 휘두른 흔적일지라도 그 어둠 속에 갇힌
슬기들을 한껏 풀어 아기 나무들을 목욕시키고
허리에 감긴 쇠사슬을 풀어 발해를 부여를 고조선을
총명한 눈으로 들여다보며 아픈 역사를 치유해야겠다

청상과부

수절을 자랑으로 버텨 온
여인이 바깥마당 상여춤에 취하면서
요령잡이 입을 빌어 가뒀던 한을
흩날린다

아비 잃은 어린 남매 주눅이 들까 용부들로 진재로 사내놀음을 즐기며 호락질 품앗이로 땅을 부치고 보릿고개 흉년에도 거뜬히 겨울 구들장은 식지 않았다

학부형 모셔 오라는 날 밤이면 부엌뜸 쭉나무 가지마다 매달아 놓는 열두어 마지기 소쩍새 울음! 젊은 부부들 오붓한 사랑이 톡톡 터지는 들마당 봄바람에 호미질은 더욱 빨라지고

어린 남매 장성해 아비 어미가 되어 환갑을 맞았으면서도 옛적 버릇은 여전히 자식들 체면을 손상시키고 손자 손녀들 응석을 어리둥절히 뒤돌아보면 여성을 실종해 온 우직함

어–허 어–허야 어–허 어–허야
자손들 체면 때문에 속앓이 이야기들은
메밀산 골짝에 묻어 두고
어–허 어–허야 어–허 어–해

들

들마다 나뒹구는 종살이 머슴살이
끌려가며 비워진 겨울이면
진솔한 주인을 맞으려 말끔히 닦는 숨결

눈 밝은 자유 만석을 잃고
바른걸음 평등은 망이 망소이를 잊는
이따금 철새들 날아드는 이야기에 귀를 쫑긋이

깝죽이는 억새풀 제 자랑 넋두리에 흔들리는 하루
온몸으로 버티고 견디다가 흩어져 간
땀내 젖은 사람들을 간절한 눈빛으로 부르짖는

움집 간석기 빗살무늬 토기가
지식을 먹으며 말뚝을 박은 종살이 머슴살이
들은 곤욕스럽게 떤다

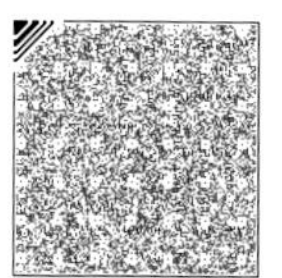

짝과 둥지

어느 때든 부리 비벼 내리면
제 둥지인 것을 그렇게 앉지 못하는 외짝새
먼 산만 물끄러미 날개를 두드린다
낯선 새 노래가 목청을 뽐내는 숲 속
작은 풀꽃들은 어색히 흔들리고
온갖 풍상을 나이테로 그림 놓은 나무들마저
어리둥절한 산골짝 냇물 조용한 물살이
하늘을 담는 한낮 부끄러운 외짝새는
제 목청을 가다듬으며 짝을 부른다
둥지 틀 자리를 눈어림한다

별똥별

별똥별이 번쩍
금쪽같은 시간인데
뽀로통한 사랑
여전히 까탈진 말다툼만

오늘은 멎을 듯한 투정
지붕 꼭대기에 솟대를 꽂아
앞마당 쓸고
뒷마당 쓸고

가끔씩 와 헤집고 달아나던
벌거벗은 웃음
금쪽 같은 시간인데
별똥별이 번쩍

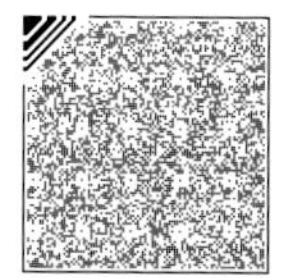

어느 바람 부는 날

나무들과 풀잎들은 바람이 닿는 만큼
비에 젖은 만큼 소리를 내고 흔들리고
지식을 먹는 사람들은 과장 된 웃음과 눈물과
아예 속을 닫는다

표정이 굳은 바위도 바람이 닿는 만큼
비에 젖은 만큼 그 감정을 읽을 수 있겠는데
사람들은 표정만으로
그 감정을 읽을 수 없겠다

어느 바람 부는 날
표정을 감추려는 사람들 속에
내가 있음을 확인하면서

세도 아줌마의 졸음

시장 골목 한 모퉁이에
엉거주춤 앉은 세도 아줌마
몇 포기 배추와 파 몇 단으로
막내 녀석 장가들이고 남편 병 치료하고
입힘 센 임천댁 생선 흥정에
빨간 벽돌집 짓고 제주도 여행 다녀오고

중국집 구수한 냄새 싸구려 옷 장수 장단
순댓국집 사내들 맞다툼에
큰아들네 아파트 이사 거들고
정육점 아이 울음 떡 방앗간 떡 찧는 소리
셋째 딸년 아들보고 칠순 잔치 벌이고

"할머니, 한 포기 얼마죠?"
깜짝 놀라 허리춤 돈주머니를 쓸어 만지며
저녁 걱정 연탄불 걱정에
새댁을 건너편으로 빼앗기고
값싼 떨이를 외친다

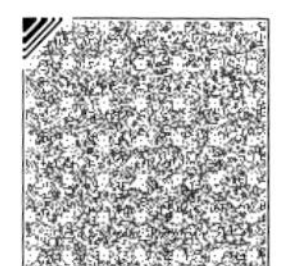

한밭 보물

용두동 좁은 골목길 철부지 아이들이
어른들 꾸지람에 쫓겨 막다른 골목으로 놀이터를 옮긴다
자동차 경적 쌀쌀맞은 건물 숲 무뚝뚝한 표정들 아랑곳없이
계산을 모르는 발걸음 분 바른 세상을 마구 흔들며
시멘트 담 너머 음모는 아예 터무니없다는 듯
활짝 열린 하늘나라로 둥둥 포물선 긋는 솜털 구름에
넋 잃은 눈동자 신기한 세상을 한껏 담는다
난쟁이 흙냄새 소중한 자리에서 꾸김 없이 그려 놓은
벌거숭이 그림들 금새라도 중앙통으로 쏟아져 내릴 듯
그림자 드러눕는 길모퉁이에 입김을 내뿜을 때마다
한 목숨이 되살아나는 듯 가지런히 피어오르는 숨결
이제 배고픈 아이들 엄마 그립다 집이 그립다
울음보 터트려 쩡쩡 세상을 나무란다
보얀 눈물방울들 이 밤을 지키는 한밭 보물이 되어
보문산 자락에서 반짝이려고
유등천 물살로 번쩍이려고

혼자가 아닌 것처럼

저 홀로 매단 기쁨 같이 우쭐해 마라
말 없는 하늘이 있어
사랑을 나르는 소리 없는 운동

저 홀로 맞는 쓸쓸함 같이 적적해 마라
말 없는 하늘이 있어
네 기쁨을 손꼽는 파란 눈빛들

찬바람 속을 한 그루 나무야 움츠리지 마라
말 없는 하늘이 있어
너를 향한 마음들도 날씨처럼 움츠린다

한 생명 한 목숨만으로 함부로 낭비 마라
말 없는 하늘이 있어
한 생명과 맞닿은 핏줄 같은 목숨들

까마득히 잊혀지고 있다

까마득히 잊혀지고 있다
산둥반도와 양쯔강 어귀까지
마제석부와 석촉을 들고 더불어 나누던 살림
주나라와 어깨를 나란히 목숨처럼 아끼던
서국 자존 까마득히 잊혀지고 있다
삼한 장인정신과 무사정신이 남해 밖 잠자던
섬을 훤히 빼다 박은 듯 닮은 그 피와 땀방울!
이 캄캄한 밤 괜한 다툼이 울화병 되어
태백산 이슬을 먹은 햇볕을 먹은 몇천 년
약삼을 찾으려고 까마득히 잊혀지고 있다
미화된 삼국통일을 나당연합과 같은 헝클어진 역사가
연약한 둑을 무너트리고 산사태를 일으키려 한다
누구랄 것도 없이 놀이마당 덩실 춤과 같이
동학을 외치던 발걸음으로 먼 훗날 후유증이
염려 없는 슬기들을 펄럭일 때
뉴스 데스크, 버라이어트 쇼란 방송 제목과 같은
외래어 유행처럼 원초적 모습들을
까마득히 잊혀지고 있다

차령산맥

마래디 할아버지 가슴앓이 눈빛을
네 어깨너머로 쓸어안고
사랑방 아주머니 보름달 한숨을
네 어깨너머로 주워 담는다
투박하고 우직한 사랑이 가지런히 드러누운
네 어깨를 밟고 한껏 달아나고 싶다
끝끝내 눈감지 못하신 골짝을 건너
아버지 몫까지 매달려고
네 모습이 훤히 익는 마루에서 맞절하며
먼동을 기다린다
시집간 우난이가 네 어깨에 기대인 듯
철부지 아이들과 둥그런 웃음 머금은 듯

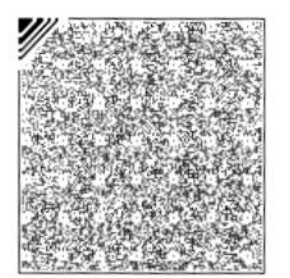

풍속도

아파트촌 가장자리에 주눅이 든 할아버지
문명 밝은 외로움만을 유일한 동무로 죽음을 준비하신다
사랑방 마실 이웃집 세간 참견 마을 큰일 때면
부산히 못 견디도록 그리운 하늘
모래갈이 논 자갈밭을 마누라 젖가슴처럼
조심스레 어루만지며 가뭄과 장마와 날밤을 밝혀
끼니조차 거르던 물꼬 싸움 이 좋은 세상을 맞으려고
바쁜 자식 바쁜 며느리 바쁜 손자 소녀들은
더 좋은 세상을 만나려고 물 건너 풍물들로
듬뿍 치장한다

요즈음 생활이라고 물결이라고 체념하려 해도
왠지 소름 끼치는 죽음인 듯
누굴 잡아 하소연할까
그토록 안달이던 새터 붙들이 아비는
꽃상여 올라서야 고향 땅을 밟았다는데
지금쯤 눈칫밥만 먹던 붙들이 아비 가슴앓이는
들녘으로 산자락으로 이웃사촌들 곁에서
편히 잠들어 가겠다

날 새면 밤이 오기를 밤이면 낮을 기다리는
좋은 환경 속에 들려오는 흔한 자랑거리들
“큰 도로 큰 건물마다 비싼 물건들이 가득해
  좋은 세상이란다”
“버릇없는 잔 재주껏 떵떵 살 수 있어
  좋은 세상이란다”
누구를 나무랄 수 없는 한심스런 세태 앞에
긴장하는 할아버지 죽음을 그리워하고 계시다

옛날

때까치와 다투던 한낮에 코흘리개 섭섭이
옹달샘 노랠 부르며 풀잎 댕기 틀고
쇠똥구리집 헐며 괜한 투정 부리는
그 솔밭 그 풍경들이 훤히 감겨 오는
저들아 바깥마당 땅따먹기와
새끼줄 뭉치 공놀이로 밤이면 달님 별님
우렁이 각시 만나고 마퉁이 온달 만나는
그 마당 그 이야기들 한껏 들려오는
우난네 집 뒤꼍으로 누구 들킬까 봐
쌀방개 물 속 깊이 헤엄치는 걸음으로
솔가지 꺾고 밀대짚을 도둑질해
움집 지어 깔깔거리던 그 세간 그 식구들이
환히 웃어오는 용호출 샘배미 꽃실잠자리 사냥
아그배 둠벙 모래 언덕에서 쥐불 깡통 돌리고
방패연 띄워 뒹굴며 넘어지다 나이를 헤아리던
그 들녘 그 언덕이 마냥 손짓하는

행복

그저 말 없는 모습으로 잡힐 듯 잡혀지지 않는
가깝고도 먼 자리 억지로 매달리려 할수록
멀찌막이 달아나는 사랑! 한껏 담으려는 욕심과는
평행선으로 엇갈리게 가난한 이웃끼리 활짝 핀
의문투성이 꽃나무! 마주하면 느끼지 못하고
떠나버린 뒤에야 깨닫는 그저 말 없는 모습
눈웃음으로 유혹하는 어설픈 몸짓마다
수인복을 갈아입는 후회 가장 손쉬운 듯
가장 어려운 끝없는 숙제! 새 생명이 터트려지는 곳에
한 죽음이 드러누운 곳에 너는 주저하지 않는다
그 아름다운 자태! 그저 말없는 모습으로 잡힐 듯
잡혀지지 않는 가깝고도 먼 자리
억지로 매달리려 할수록 멀찌막이 달아나는 사랑!

국중대회

하늘 열린 박달나무 숲을 염치없이 끼어든 운동들이
오랜 버릇 같은 재채기로 꽃 내음 펄럭이면
그 꽃바람 속을 자랑인 양 바보놀이 쳇바퀴 돌 듯
멀쩡히 깝죽이는 한낮에도 꿈쩍하지 않으려는
작은 풀꽃들 몸살 '하백'의 딸 '유화'를 아내로 삼던
그 옛날 그리움 촉촉히 다섯 마리 용이 끄는 수레를 타고
흘승골성(紇升骨城)에 내려앉은 날 동명인 듯 주몽처럼
쪽빛 물결 영고와 동맹을 나라 굿으로 두레 품앗이
강강수월래 박달나무 숲이 반짝이도록

명사십리 풍경놀이

아랫말 아저씨
이야기보따리 동화 속엔
언제나 반짝이는
명사십리 풍경놀이
낮 도둑놈 장대에 찢길까
그리고 또 그리고

그때 그 개구쟁이들
장가가고 시집가고
똑같이 닮은 아저씨 되어
아이들과 함께 그리는
이야기보따리 동화 속엔
반짝이는 명사십리 풍경놀이

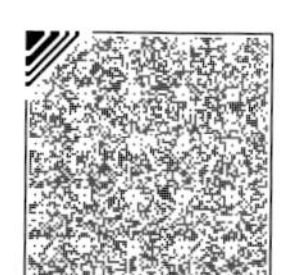

놀이마당에서

고요와 한 대금이 울고
하소연인 듯 가야금 줄을 흐르는
한 마당을 넘어 판소리 사설이
둥지를 트는 중에 곤히 잠드는 손님으로
어머니 품에 기댄 단내 문 웃음인데
요란한 가락 곤한 잠을 까마득히 떨치고
제 몸짓인 양 자연스러운 휩쓸림
예가 어디냐 바깥 풍물은 눈 감고 그리는데
안마당 놀이는 절름발이 굿처럼
할아버지와 아들과 손자가
어색한 자리

자연 속에

자연이란 큰 물줄기 속에 더불어 이웃하며
흐르는 숨결이어야 할 것을 사람들은
자연을 다스린다는 영악함으로 설 자리를 좁히며
자연을 벗어나는 신과 사랑과 몸짓은 재앙을 불러
그 억지 춤에 상을 찌푸린 자연 벌 주머니를 푼다
자연 속 가장 자연스러움으로 인류만세를 그리면
자연은 가장 자연스럽게 품에 안는다
철학과 과학도 조그만 자연분자

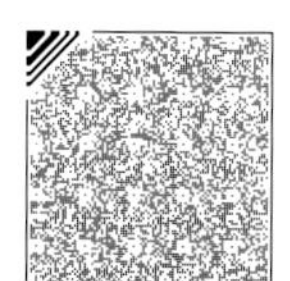

해갈이

눈발이 사나운 겨울 산을 넘어
한 발짝씩 가볍게 미끄럼질로 다가오는
인정 많은 나이 신
그 웃음은 변함없이 나이 보따리를 풀어
골고루 나누랴 사방을 둘러 보신다

해가 바뀔수록 달갑지 않은 선물인데
사양치 못하는 인사 눈발에 젖는다

나이 짐만 무거워 헐떡이는 고개
그동안 닦아온 길이 못내 부끄러워
입술 문 하소연
짝과 둥지는 어디쯤에서 닫힌 문 열고
여유 있게 손짓을 할까

누구 오늘같은 해갈이로 뒤척이신다면
밖에 떠들썩한 아이들 속에서 이 겨울을 납시다

하루살이 나그네

북부여 해모수 아리따운 유화를 만나지 못한 듯
하루살이 나그네처럼 빈 봇짐 무겁게 기웃대는 발걸음
목청 높은 나라 사랑 길 자락마다 들썩이지만
어색한 놀이뿐 눈물겨운 날이 엊그제인데
물 건너 풍물로 야단법석

어른과 이웃과 두레와 품앗이가 기다랗게 드러눕고
높은 건물 값비싼 물건들이 큰 자랑인 듯
깝죽이는 날 아이들은 산골짝에 감추고
웃음을 머금어 어깨를 추켜세우지만
스스로 하늘 버틴 말 없는 물살들이여!

용감히 하백의 딸 유화로 하여금 주몽을 낳아
내게 익숙한 방울 칼 거울 바람 비 구름 가슴에 묻고
신시를 열어 대대손손 물찬 과일들 새로운 문명을 낳아
길을 트고 우주 속 영원히 꺼지지 않는 빛살로
둥그렇게 나이테를 두르자

인류만세 · 2

별똥별이 스러지듯 잠깐인 삶
저 홀로 한낮을 지키는 물살처럼
나그네 빈 보따리 더욱 무겁게
부릅뜬 하늘 눈 구름 둘러
스스로 속아 사랑 잃는 까만 밤
쓸데없는 바람 몰고 와 헐떡이며
가지를 꺾고 풋과일 터는 인류만세

작은 점 하나에도 못 미치는 삶
누구나 한낮을 지키는 물살이 되어
나그네 빈 보따리 더욱 가볍게
부릅뜬 하늘 눈 무지개 둘러
절로 좋아 사랑 붓는 환한 웃음
촉촉한 단비 끌고 와 땅을 적시며
아름드리나무 열매가 붉은 인류만세

도시 바람

낮과 밤이 뚜렷한 자연 속에서
인류만세 나이테 정성껏 둘러
멋대로 깝죽이는 문명 바람을
감싸듯 품에 안고 가야만 하는
제날대로 자란 듯 거만한 도시
앞만을 재촉이는 쌀쌀맞은 정

어색한 이웃끼리 등을 돌리고
저만을 돋보이려 까치발 딛은
낮과 밤이 엇비슷 불안한 시간
도시바람 술 취해 흔들리는 꿈
언제쯤 인류만세 신바람나서
어깨동무 나란히 두팔 뻗칠까

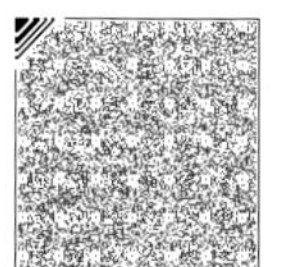

불편한 날이면

홀로 된 듯 불편한 날이면
이 세상 밖에 계신 어머니를 부르고 또 불러
고향 하늘을 마냥 달립니다
그 포근한 품속에선 불편을 모르는 순수
미움과 시기조차 가지런히 옆에 앉혀
둥그러니 햇발 담습니다

언제 어디서든 "어머니, 어머니! 어머니—"
부르고 또 불러도 다시 부르고 싶은 '어머니'
부릅뜬 하늘눈 편안히 참사랑을 노래합니다
바쁜 삶을 핑계로 까마득히 잊힌 어머니
불편을 짊어진 날이면 당신은 불쑥
따뜻한 웃음으로 온 마음을 쓸어 주십니다

늘 가까이에 계신 어머니께
문안인사 올리지 못하고 불편한 날이면
무거운 짐만 안기려는 불효 옛날과 변함없습니다
"어머니, 어머니! 어머니—"
부르고 또 불러도 다시 부르고만 싶은 '어머니'
당신은 언제나 설레이는 고향 하늘입니다

벌거숭이 친구들

벌거숭이 친구 셋이 도시 한복판 전세방에서
어린 시절을 깔고 앉았다

가난과 못 배움 순수와 고지식이 죄인처럼
늘 불편한 삶 잠시 뒤로 밀치고
오늘만큼은 말미 냇물에서 신탁골 산등성에서
꾸김 없이 꿈을 그리는 작은 소년이 되었다

영특한 머리와 충혈된 눈이 아니라서
문명 밖은 서성이지만
속 마음을 활짝 여는 오붓한 이 자리를
누군가가 탐낼까 겁나는 도시 안이다

몸에 밴 흙냄새 땀 냄새 거짓과 동무하지 않으려
가끔씩은 적은 살림과 다투는 가난이지만
여태껏 큰 부끄럼으로는 끼니조차 걱정하는
이웃을 돌아보지 못하는 죄이다

깔고 앉은 어린 시절을 아쉽게 푸는 인사로는
있는 그대로 건강하게 살자는 다짐

들국화

온갖 풍상 천둥비
꿈쩍지 않고
먼지 입는 잎새
말끔히 씻어

하늘 버틴 들국화
훤한 웃음은
땀이 밴 흙가슴을
몇천 년 숨결

새벽별 눈 큰 씨앗
품는 들녘에
햇볕 바람 모으는
꽃지짐질 잔치

첫눈 내리는 날에는

첫눈 내리는 날에는
동그라미를 가득 그려
꿈을 채우는 미끈둥한 아이가 된다
네모난 삶이 죄스러워 어쩔줄 몰라하는
철든 아이가 된다

첫눈 내리는 날에는
빛살 타래실을 가득 풀어
무지개 두른 연인이 된다
번득이는 머리를 하얀 무덤에 묻어
가슴이 살아 팔딱이는 연인이 된다

첫눈 내리는 날에는
동그라미를 그리는 참 아이가 되고
첫눈 내리는 날에는 가슴 달린
참 연인이 되어
하얀 길 하얗게 하얗게 수를 놓는
하얀 그림들

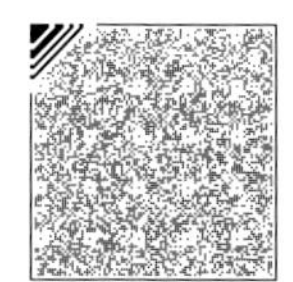

귀향

하늘타리 넝쿨이 담장을 넘고
맨드라미 예쁜 짓 떼 지어 노는
눈 어린 평생 살이 팔딱이는 곳

이웃사촌 넉넉한 사랑방 마실
칡 쑥 다래 머루술 가리지 않듯
마음문 활짝 열어 정을 비비고

낮과 밤 온전하게 구분이 되어
땀이 밴 흙 가슴에 햇볕 먹으며
저녁이면 별 이름 아가 꿈꾸는

언젠간 홀가분히 돌아가야 할
들바람 부딪치며 검게 그을려
억새풀 잔디처럼 눌러앉을 곳

쭉나무 꼭대기에 둥지를 틀고
짝짓기 알을 품어 먹이 나르는
오붓한 까치 사랑 가슴 뛰는 곳

멋드는 도시바람 멀찍이 떠나
확 트인 눈빛들이 도란거리며
산과 들을 가득히 씨앗을 앉힌

자연으로 돌아가 가슴을 묻고
거짓 없는 곡식들 어루만지며
계절 짓는 요정과 앞을 다투는

부모님 훤한 영상 옛날 그대로
꾸러기들 장난질 듬뿍 담겨져
어린 시절 어리광 팔딱이는 곳

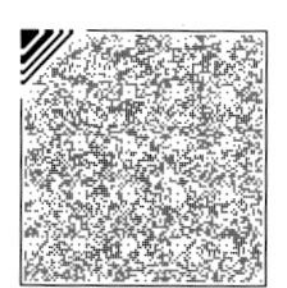

떠돌이

빈 보따리 무겁게 휩쓸리면서
내일쯤 모레에는 발을 뺀다며
어정쩡히 망설여 해갈이 맞아
어찌 그리 속상히 끌려왔는가

눈 깜짝일 어느새 무덤 곁인걸
헛산 삶 고스란히 감추어 놓고
금박 입힌 거짓 삶 나부끼려는
과정 잃은 떠돌이 변명만 는다

여기서 홀가분히 빈 짐을 풀어
가벼운 빈 보따리 더욱 가볍게
과정을 아껴 쓰는 해갈이 맞아
무덤 앞이 떳떳한 죽음 두르자

한밭 나들이

용두동 좁은 골목길 낯익은 듯한 아줌마
반가운 짐 보따리 속에 흙냄새 구수한 곡식들이
투정을 부리고 있었다
천대받는 손님 될까 불안해하는
네 계절이 떼를 쓰고 있었다

대대로 사랑받던 날들 들녘과 산자락을 두루두루
땀방울 촉촉히 이 나라 살림을 꾸려 왔는데
언제부턴지 도시 바람 드세게 중병을 앓더니
물 건너 도둑들이 떼 지어 몰려드는 사태
참았던 눈물을 펑펑 쏟는다

지나는 도시 사람마다 억지로 끌려가는
아줌마 짐 보따리를 아무렇게 대하는 나들잇길
"어머니, 그깐걸로 그 고생 하셔요"
훤한 아들 며느리 인사말이 속상해
막다른 골목에서 줄담배로 재티만 날린다

장가가는 날

앞산 뒷들 건너 강 낯설게 앉혀
'온다 간다' 소문만 까치집 짓는
걱정 많은 노총각 장가가는 날

"시집 안 갈래" 아가씨 괜한 투정에
우물쭈물 좋은 날 미루어 놓고
속상한 이부자리 뒤척이는 밤

미끈둥한 버릇

각시샘 목욕으로
씨앗 날리는
미끈둥한 버릇
넉넉히 가지런히
광주리 웃음인데

저 건너 떼거리 속
그을려지는 장난은
눈 어린 날 쩡 쩡
금줄 쳐 안기려는
익모초 울음입니다

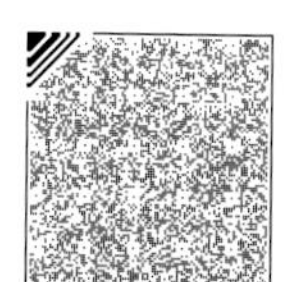

성스러움

우르릉 쾅쾅 하늘이 열리고 날 선 빛살 칼날을 미끄러지며 비밀스런 열림 그 은밀한 곳에 솟구칠 듯이 생명을 품은 샘 온갖 것 빨래질로 목욕으로 씨앗을 앉힌다

강제도 아니요 억지도 아닌 아름다운 하소연 둥지를 틀어 부딪치면 부딪칠수록 빨려드는 멋 가도 가도 끝이 없는 물살 과욕하지 않는 언덕에서 산뜻이 멈추는 노동 동그라미를 예약한다

다칠세라 조심스러운 인내 훤한 사랑을 빛살 막힌 쾌락을 끼고 가려는 휩쓸림 허탈증만 가득히 어둠을 나부껴 죄악이요 전쟁이요 어수선한 죽음뿐

신조차 참견할 수 없는
가장 자연스러운 자리
큰 평화가 도사려 솟구치는 생명
부활이요 인류만세 근원이다

안면도

늘 죽음을 머리맡에 매달고
눈 비 바람 불안을 만선으로 삭이며
뭍을 동경하는 가슴앓이
병풍 친 왕솔밭으로 멀찍이 물리쳐
아낙들도 갯벌에서 끼니를 캐고
살림살이를 늘리며 화내지 않는
바다를 빌며 지키던 섬
눈깜짝일새 방조제가 쌓여
뭍과 배꼽을 맞대던 날
그 즐겁던 환호는 한낱 개꿈 잠꼬대
땅따먹기 도둑들에게 칠할을 빼앗긴 들에
산비둘기들도 울음을 흩트려 놓는다
더위를 짊어진 손님들이 줄지어 달려오는 바다
다시금 고운 꿈이 번쩍이고
탐라에 버금가는 보석으로 불붙은
사랑이 봄을 맞으려
오호, 불안을 떨치는 섬이요
뭍이요

팽나무

팔각정이 서 있는 그 자리는
끼니를 거르던 아이들이 팽나무 그늘을 자리방석으로
철푸덕이 동화를 열고 꿈나라를 일으키던 곳
젊은 아낙들이 이웃사촌 상여 행렬을
시선으로 끝끝내 배웅하며 불같은 눈물 뚜욱 뚝
둥근 정이 옥돌로 박혀 눈이 부시게 빛나던 꽃지짐질

언제부턴지 푸른 하늘을 잃고 아기풀 아기나무들 응석과
들바람 산새들 꾸짖음을 비켜지나 자연이 얼굴 찌푸리는
서울 흉내는 가까이 다가왔지만
팽나무 가지마다 매단 풍성한 가슴들은 옛노래인 양
육중한 팔각정 그늘에 지쳐 숨소리조차 가쁘게 버티고 서서
가슴이 후끈한 아이들을 기다립니다

호루라기

호루라기 하나 달랑 입에 물고 이른 아침부터
늦은 밤까지 완장 없는 평상복 차림으로
작은 읍 작은 주차장을 발이 부르트도록 누비는
이웃사촌같은 아저씨 호루라기 소리 귀가 따가워도
손님들은 기꺼이 약속으로 어루만지고
멀리서 달려온 차 가깝게 떠나려는 차
호루라기 소리에 공손히 복종을 하는
차들이 움직일 때면 신명이 오른 호루라기
더욱 바쁘게 평화를 나부끼는 왕이 됩니다
철없는 아이들 눈 속에 가슴 속에
평생 교육으로 내려앉는 약속과 복종과 평화가
사람들 만세를 예약합니다

신선 노동

못주머니를 둘러 망치 찬
매무새 매무시를 파랗게 다독이며
반쪽짜리 흙가슴을 소홀하지 않으려고
거제도로 안면도로 한강을 거슬러
서인천 연희동까지 거푸집 짓는다
아이들 우물물 눈동자와
아이들 벌거숭이 가슴을
한껏 담으려고 거푸집 짓는다

반쪽으로 눌린 시간들 감당키 어려운데
도둑놈들끼리 까불리는 소리 여전히
지붕인 듯 기둥처럼 법석이지만
하늘을 받드는 것은 늘 신선노동뿐
의식없는 망치질이 기둥 하나를 세운다
반듯한 톱질로 모난 가지를 자른다
도둑놈들은 반쪽 흙가슴마저
짓누르고 발길질이라
숨이 막힐 것 같은 아픔들

그나마 슬쩍 열린 쪽문이 닫힐까
억새풀들이 추위와 싸우며
신선 노동으로 버틴다
언제쯤이면 손에 익은 망치질과 톱질로
저기 저 반쪽짜리 흙가슴과
여기 예 반쪽짜리 흙가슴 속을
온전히 뒹굴고 구르다 못해
펄펄 뛰는 신선노동으로 거푸집 지을까요

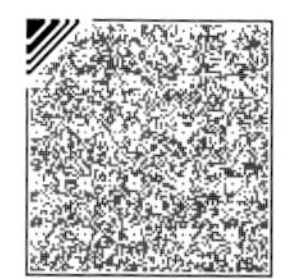

어떤 하루

찬바람이 들쑥날쑥
온 마을이 엉거주춤 감기몸살 앓는 날
저들아 작은 동물원에서는
꼬끼오 꽥꽥이 음매 꿀꿀이까지
새 생명 탄생을 축복하는데
텅 빈 이웃들 굳은 표정은
행복스런 기쁨마저 감추고
짧은 해걸음에 움츠러든다

떠돌이 길

스스로 갇힌 울타리를 허물고
예 슬쩍 이 만큼에 쉬어 가고픈
그냥 이대로 부추기지 마세요

오라는 데 없어도 갈 곳은 많아
멋쩍은 걱정 뜬구름으로 둥둥
언제쯤 홀가분히 비로 내릴까

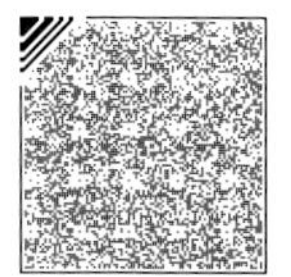

채찍

몸에 배는 망치질 톱질마저 못마땅히 여기는
바깥바람과 겹치는 몸살을 감당치 못해
이내 달아날까 조바심하는 날
술자리 벗들 틈새에 지쳐 흐트러진 이부자리
깜빡 깜짝 눈발 사나운 새벽녘
빚 재촉 서두르는 큰집으로 쏜살같이 뛰어들어
쪼그리고 앉았는데 멋대로 열렸다 닫혔다
왁자지껄 문짝 소리에 소심한 대장각하
소장각하 움츠리어 빚 청산을 잠시 미룬 채
하얀 날 하얀 아침 하얗게
하얗게 하얀 망치질과 하얀 톱질을 벼른다

양귀비꽃

양귀비란 이름처럼 아리따운 모습에
네 환한 웃음은 사랑을 나누려는 순결한 몸짓인데

가련한 마음들이 군침 삼키는
그 환한 웃음을 환각으로 매달아 병동에 가둔다

어쩌다 한두 포기 법전을 기웃거리며
꼭꼭 숨어서 아리따운 모습으로 발돋움해 웃는다

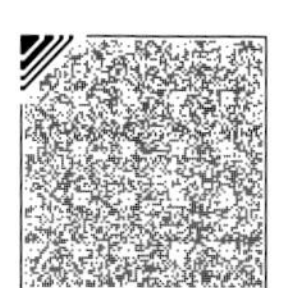

동그라미

둥그런 옛날 지붕 위에서
둥그렇게 둘러앉은 박들이
한낮에 펴 올리는 동그라미는
가슴 설레이는 고향!
멀리 달아나다 넘어져
쑥스러운 동그라미들 언제쯤에
다시 똑바로 볼까요

둥그나무 동무해
하늘을 담는 우물물 거울에서
둥글게 반짝이는 동화들은 두리 두둥실
인류만세 꿈!
조금씩 녹이 슬어
감춰진 동그라미들 어디쯤에
다시 닦아서 볼까요

검정 고추

온실 속 화초로만 바라보는 인사들이
너무나 부끄러워 화병 속 치장을
와르르 헐어 달아나고픈
작은 줄기마다 거꾸로 매단 검정색 열매들
금새라도 하늘을 찌를 듯 꿈을 꾸는 꽁지 끝이
억지로 주저앉힌 박제된 시간들을
스스로 독려하며 절정인 빨간색 변신은
자연스러운 들꽃처럼 멋을 흩날리고파

모기

겁이 없는 놈이다
누렁소와 꿀꿀이 풍산개 동물들
피란 피 닥치는 대로 어린아이 노약자
가리지 않는 무서운 흡혈 여행이
여름밤이면 극성이다

끈실긴 족속이다
까마득한 옛날부터 번식은
시궁창에서 멸종을 염려하지 않으며
알을 까는 작업
여름으로 무르익었다

공포스러운 조그만 몸짓
때와 장소도 가리지 않는 듯
아무 데나 접촉을 하면 빨대를 꽂는 버릇
진화로 표독해지며
여름밤을 즐기는 놈이다

여름풍경

세 들어 사는 집 앞마당에는
들깨 검정콩 고추 토란이 한나절 땡볕과 다투고요
이웃집 담벼락을 넘은 대추나무 감나무
푸짐한 열매들 탐스러운 젊음에 반하여
요리조리 들쑥날쑥 동그란 웃음 동그랗게 웃은
맨드라미 봉숭아 분꽃이 샛뜸 누나처럼 어여쁘고요

주인님 배웅 손님들 마중 들리지 않는 발소리까지
꼼꼼히 짓던 강아지 녀석 그늘에 숨어 꿈쩍을 않는데
건너편 모퉁이 가마솥에 불을 지핀 옆집 아저씨
그 뜨거운 열기 속에서도 담배를 꺼내 뭅니다
아이 엄마는 옥수숫대 사이로 애호박을 따고요
파를 뽑고요 빨간 고추 고르던 어린 남매
땀을 뻘뻘 고구마순 꺾습니다

자연스러운 날

자연과 과학이 이웃이 되어
벗이 된 과학과 자연이
자연스런 우주 안에
우주 안에 자연스럽게
사람들이 짐승 꼬리를 끊고
짐승 꼬리가 끊긴 사람들이
가장 자연스러운 날
가장 자연스러운 모습으로
컴퓨터 집사와 로봇 머슴을
자연스럽게 데리고
광년 거리 나들잇길을
자연스럽게 재촉합시다

스물둘 분화구

스물둘 분화구에서 불꽃이 오르면
착한 이미지보다는 두려움만이 크게 박히는
슬픈 멍에도 모든 책임은 내 몫이 된다
새까만 태생 어쩔 수 없이 늘 하대를 받아도
겨울은 나를 피하지 않습니다

나쁜 이미지를 끝내려고 오랫동안 땀을 흘렸지만
그 기쁨을 누려보지 못한 채
나이 탓인지 쓸모없는 구닥다리로 쫓겨나는 신세라
아직껏 가난한 이웃들은 나를 반겨 맞아 주어
이 목숨 다하는 날까지 정을 아끼지 않으리다

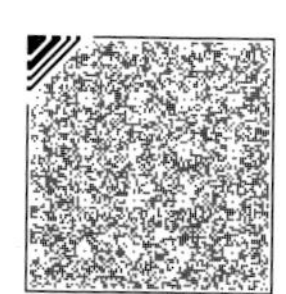

파리 왕국

날씨가 쌀쌀해지면서
방으로 끼어드는 녀석들 꿈쩍지 않는다
눈 어둔 주인 아주머니께서는 억지 낮잠을 즐기며
밤에는 아예 이부자리를 나눈다
밥상에서는 먼저 수저를 들고
때와 장소를 가리지 않는 똥오줌
이냥 이대로는 눈감아 줄 수 없어
큰 형벌을 준비한다

치고 때리고 천장에 끈끈이를 달아
사약을 구석구석 놓아도 숫자로 대항하는
녀석들에게는 싹쓸이는 통하지 않는다
이웃동네 건너편에 꿀꿀이 꼬끼오 꽥꽥이
녀석들을 키우는데
눈뜨기 바쁘게 녀석들은 동족들 죽음을 건너 뛰어
먹이를 찾는 놈 장난치는 놈 사랑에 빠진 놈
하루종일 야단법석이다

3부
널문리

홀가분히

홀가분한 마음
홀가분히 자연으로 돌아가련다

무지개 바람 구름 번갯불 천둥
우박 이슬 안개 진눈깨비
자연 그대로 자연스러운 곳
산비탈 구렁조차 한줄기 물살이 되어
자연스럽게 흘러내리고
그곳에 흙내음이 어머님 품 안 같은 곳
낮과 밤은 연인처럼
젊은 노동들 눈빛에 훤히
철 따라 옷을 갈아입어
꽃바람 타고 꽃씨 날린다

홀가분한 마음
홀가분히 자연으로 돌아가련다

경지정리 작업장

다시 돌아온 경지정리 작업장 못주머니를 둘러 평생살이를 가꾼다 검정 장화와 진흙탕 속에서 분수문 낙차 옹벽 개거 날개벽 거푸집을 짓는다 흙탕물로 분 바른 작업복이 날개옷처럼 입히기까지는 많은 죽음을 까불리었다 잃었던 청년기를 찾으려는 듯 아끼지 않는 망치질과 나비를 접는다

숨이 헐떡일 때까지 높은 곳만을 기웃대는 도둑님들 욕심 많은 사재기 어수선한 계절에도 톱질은 반듯하다 온갖 사랑이 널린 들녘에는 장인 정신 박히고 앞산 산자락마다 네 계절이 담긴 흔적 떨구며 새 생명 놓은 숨결들 보란 듯 자리 잡은 구조물로 정예군이 떼 지어 몰려와 푸른 목숨들 지키겠다

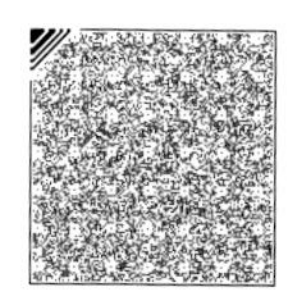

동장군과 천사

히말라야에서 왔습니까
북극을 건너왔습니까

여러 날을 깃발 꽂은 동장군님 장막 그늘에
달동네 이웃들 떱니다

올 가을길이 시끌벅적하려고 산과 들에 널린
하늘나라 천사춤이 너무나 무겁습니다

입춘

한풀 꺾인 추위를 놀리기라도 하는 듯
발아래 지붕 위에서는 검정 강아지 두 마리가
늦겨울 낮잠을 즐긴다

용암사로 통하는 길을 따라 장 보따리 손에 든 아낙들
'훠이, 훠이' 게으름뱅이 흉한 모습에 목청껏 외쳐 보지만
세상 여유를 몽땅 쓸어 안은 것 같아
채운산 신령님도 침묵한다

서울과 목포를 오가는 기차 소리마저 뿌리치는
느긋한 속셈은 오늘이 입춘인 것을
아는 까닭일게다

둘도 아닌 하나라서

둘도 아닌 하나라서 조심스럽고
둘도 아닌 하나라서 소중스러운
오 학년 꼬마 아이 하나 있었지요

여섯 살 어린 나이에 아빠를 멀고 먼 나라로 빼앗겨
외로움을 삼키며 자랐지만 당당한 여장부로 살아간다는
온 동네 소문난 한정옥이는 내 기쁨이자 내 아픔입니다

까마득한 가을 운동회 날 얼굴 한번 내밀곤
여래껏 만나보지 못한 내 죄가 너무나도 무거워
어쩔줄 몰라 발버둥질 치는 부산광역시 진구 양정동 하늘!

둘도 아닌 하나라서 더욱더 조심스럽고
하늘 땅만큼 소중스러운 아직도 내겐 꼬마 아이로
포근히 웃어 다가오는 어여쁜 조카딸 하나 있습니다

옛것

옛것이 싹쓸이로 쓸릴까 옛것이 송두리째 뽑힐까
먼 옛날부터 물려받은 유전인자와 같은 선물이요
새 생명을 낳아 기른 성스러운 역사입니다
옛것을 누워 침 뱉고 발등 찍는 욕된 어리석음들
옛것에서 반성하고 뉘우치면 귀와 길이 있습니다
옛것을 있는 멋 그대로 다듬으면 고향이요 휴식이며
꿈을 꾸는 어머니 품 안입니다

오늘 같기만 하여라

- 2002년 6월 30일

온통 붉은 물결이다
저 뜨거운 불길 속에 온전히 정신을 담아
본래 모습으로 태어나려 합니다

"대한민국! 짝 짝짝 짝 짝"
누구랄 것도 없이 신명이 올라
"대한민국! 짝 짝짝 짝 짝"
큰 울림은 내일을 읽는 거울이요

스스로 구르고 스스로 목청 돋우며
스스로 눈물샘 터트리는
자연스런 감정들 순수 맥박입니다

저만을 치장하는 온실 속 아이들로
늘 불안해한 걱정이 사르륵 녹아내립니다
보이십니까 들리십니까 느끼십니까

본 바탕으로 돌아와 즐기는 너름새를
어른 아이 남과 여 너와 내가 구분없이
어우러진 우리 신명이 활화산 되었습니다

머잖아 넘을 통일 한 고개
곱다랗게 화폭을 채울 것이니
오늘 같기만 하여라
“대한민국! 짝 짝짝 짝 짝”

오늘 같기만 하여라
“대한민국! 짝 짝짝 짝 짝”
온통 붉은 물결입니다

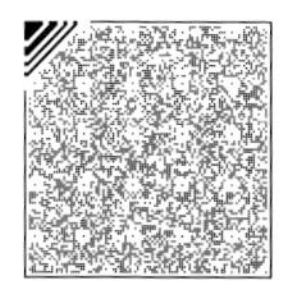

겨울나기

별을 보고 갔다 별을 보고 돌아오는
겨울나기 날품팔이 길

곤한 잠결 뿌리치는 새벽녘
목숨을 저당 잡혀 질주하는 광란들은
어떤 시간에 감금되어 저토록 버둥거릴까
서울 큰 꾼들은 수인복조차
날개옷으로 접어 온 동네 헤집는데
가까운 이웃들은 그치들 놀음
흉내만으로 쇠고랑을 찬다
아이들아 동짓날 하지감자를 굽고
돌아오는 하지에 팥죽을 쑤자꾸나

별을 보고 갔다 별을 보고 돌아오는
겨울나기 날품팔이 길

인류만세 · 2

누군가 먼저 장엄한 국가를 깨트리고
붉은 피 뚝뚝 종족을 부정하며
철갑 두른 종교옷을 거룩히 벗는 날
인류 하늘엔 숨통이 트이고 생기가 돌아
꽃지짐질 널을 뛰는 신바람 잔치 만끽할게요
검정 하얀 황색 골고루 색깔을 섞어
날개를 펄럭이면 광년 거리조차 한눈에 들고
우주와 교통하는 인류만세를 적으리오
가장 평화로운 모습 가장 아름답게

자연은

예측할 수 없을 만큼 들쑥날쑥 도깨비 날씨
장마전선은 제멋대로 기상 예보에
경고음이 울립니다

소서인 듯 대서를 훌쩍 뛰어 풀 꺾인 처서라
들녘과 산등을 두른 온갖 생물들은
햇볕 바람이 간절해 중병을 앓는데

한가위는 코앞에서 차례상이 걱정되고
우리가 저지른 결과거늘 하늘을 나무라며
하느님을 탓합니다

봄부터 강남제비는 몇 번이나 만났습니까
자연은 받은 그대로 되돌려 준다는 것을
결코 잊지 맙시다

새치

깊이와 폭을 분간할 수 없이
오묘한 비밀이 넘실거리는 요술통
칭칭 두른 검정 옷 병정들 틈새로 끼어든 새치 병정
박힌 돌 보란 듯이 주인 행세처럼 떠벌리고

소리샘 둘레에도 새치 병정이 들어와
쌍굴 사이를 달리고 큰 둔덕을 미끄러지며 폼을 잡는다
마음은 늘 스물인데 아저씨라 불리는 서운함
거기들 몫이 크구나

머지않아 굴러온 돌이 대주주가 되어
주인행세를 하겠지만
아직은 검정 옷 병정들 멀쩡하여
젊음을 의심치 않는다

김장

무왕자님과 배추공주님을 모시기까지
고추 마늘 생강장군과 양파장군이
대파 골파부대와 당근부대를 이끌고
멸치와 새우젓 굴이 깔린 바다를 건너
깻가루 밀가루 펄럭이는 마을에서
소금 자연산 미원 설탕옷을 적당히 입혀
땅에 묻은 옹기 속 꽁꽁 겨울잠을 재촉합니다
손끝과 혀끝으로 한껏 맛을 저장하는 멋이야
무왕자님 배추공주님 자랑이지요

삭고 삭아서 우러나온 진미를 끌어안고 사는 호사
산 넘고 물 건너 거기는 아는가?
눈 비 이슬 안개 햇볕 바람 아랑곳없이
식탁에 오르는 날만을 손꼽는
무왕자님 배추공주님 기다림입니다
어느 추운 날 부글부글 끓는 청국장에
살얼음 깔린 동치미국물과 검정콩 쌀밥을
한 숟가락 떠 발그레한 김치를 걸치는 그림
부자 부럽지 않겠구나 내년 초겨울까지는

어느 추운 겨울날

뒷동산 나무들조차 춥다고 떠는 날 밤에 사랑방 마실꾼들은 등잔불 기름이 다 닳도록 담배를 건 화투 놀이다 화롯불을 아끼는 안방에서는 광석 라디오에 홀딱 빠진 셋째 넷째 형과 누나가 졸음을 참느라 안절부절 어머니한테 꾸중을 듣고 나는 가만히 귓문은 사랑방 쪽으로 먹을거리는 없을까 작은 인기척에도 가슴은 뛰었네

통행금지를 알리는 소리가 가까워지는 시간인데 날씨가 추워서일까 당숙께서 구판장에 가질 않아 서운함인 듯 대문짝만 삐걱거린다 술 취한 신암 할아버지 훼방을 놓는 주정만이 가끔씩 들려올 뿐 오늘 밤은 이냥 이렇게 푹 뒤집어쓴 컴컴한 이불 속에서 유과와 눈깔사탕이 아른거려 요리조리 뒤척이다가 골방 구석에 찬 고구마를 꺼내 와삭 물어뜯는다

눈에 훤한 옛이야기 그 포근함을 그리워하는
어느 추운 겨울날 너는 외로움에 떠는구나

크리스마스 전야곡

묵은해를 보내려는데
어깨가 내려앉은 사람과
하늘 무서운 줄 모르는 사람들
아쉬움만은 똑같을게다

번쩍이는 예배당 불빛에 이처럼 숙연해지는 것은
그 동안 지은 죄를 비는 소리없는 기도입니다
산타를 기다리는 아이들은 오늘 밤엔 잠을 설치며
순수를 더욱 부풀려 하얀 눈발을 날리겠지요

땡그랑 땡
땡그랑 땡 땡
땡그랑 땡

파란 소리가 부딪쳐 흩어지는 이때쯤이면
누구나 벌거숭이로 두 손 모읍니다
새벽이 밝기 전까지 큰 선물 안고 오실 산타
아니 들릴 집이 있겠습니까

섬마을 장례식

꽃상여를 올려놓은 네 바퀴 달린 침상에 누워
만사와 요령잡이도 없이 북소리를 따라
안 마을을 뱅뱅 돌고 돌아가는 길
배웅하는 마을 사람 문상객까지도 두건을 쓰고
제 설움에 겨워 더딘 발걸음
철없던 시절엔 넓고 푸르른 앞바다를
빼닮으리라 출렁거렸을 것을 철이 들며
풍랑에 조바심하며 버티어 온 삶 잠깐인 것을
끌려가는 것이냐 끌고 가는 것이냐
북소리만이 덩덩 상여꾼들은 벙어리었다

업

바위에 새겨 놓은 오묘한 그림들은
먼 옛날 옛적의 성스런 삶입니다
신과 사상으로 우주를 넓혀
광년 거리를 초월하려 한 거룩함이요
기하무늬 동물과 물고기떼 속 깊은 슬기들
다 펼치지 못하는 무지에서 헐떡이고 별이 총총
윷놀이를 탄생시킨 주술적 의미를 잃어버리고
방황하는 죄인이 되었습니다
끊기고 건너뛴 발해 부여 고조선을 가늠하려는
어설픔 말끔히 닦아 무엇 하나 소홀할 수 없는
흔적들을 모아 돌무더기 쌓으리다
눈부시게 다듬어진 탑들이 의젓하게
옛 벌판을 달려 손님들 맞고
무용총과 쌍용총 천장과 벽에 담긴
다채로운 행사와 꿈이 나들잇길 재촉이고
묵묵히 좌선한 고인돌이 수양을 쌓아 올린 곳
모두 다 업이요 모두가 복이요
모두 다 하늘입니다

삶

손바닥 뒤집기인 듯 하루살이 같은 것
그냥 그렇게 허허 하하 하 치표를 한다

겁없는 죽음을 맞아 똥물 낀 머릿속 헹구고
비린내 얼룩 빨래질 해 햇살 둘린 바람 쏘이네

다시 태어나는 날 홀로 앓는 외로움
목탁소리 가깝게 별을 찍어 마음 열린 가슴에 담을래

빌려 사는 듯 잠깐인 삶 이냥 이렇게
허허 하하 하 치표를 한다

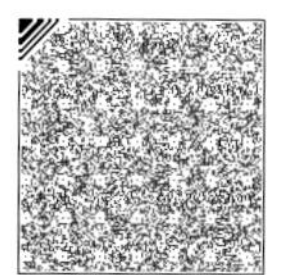

여의도 풍경

- 2004년 9월 22일

체면이 다칠세라
여의도 뜬구름은 광장과 건물마다
초상화를 내걸어 우쭐대고요

귀를 닫아버린 채
목소리만 굵직이 저 홀로 큰 일꾼인 양
콱 콱 찧는 뒷걸음질 똥폼만이 하늘 오르고

숭례문 작은 상인과 만경뜰 농사꾼들
체면에는 아랑곳없이 땀으로 멱을 감지만
늘 고단한 하루

애호박

도심 속 지붕 위로
시골을 끌고 오른 호박 넝쿨이
어느덧 그물을 쳐 산소를 모은다

큰 더위 끄떡없이 벼르는 역사

금새라도 도시를 삼킬 듯 줄기가 무성해
가을에야 터진 웃음으로
애호박이 널렸다

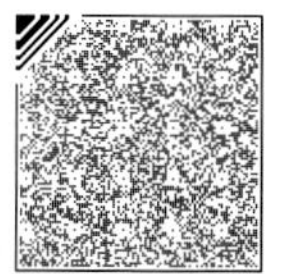

도심 속 둥근 달

창문을 통과한 달
둥근 달이 나를 내려다본다
지나는 구름 떨치며
어머님같이 나를 내려다본다

많은 인연들이 도심 속에 머물지만
이런 귀한 만남은 드문 일이라
몇 해 만일까 잊혀 산 달 둥근 달과
사랑으로 마주하네

창문을 통과한 달
둥근 달이 점점 멀어져 간다
홀딱 반한 마음 아랑곳없이
자꾸 멀어져 간다

어릴적 시골 달은 아니지만
그때 같은 둥근 달이 스쳐 지난다
까마득히 잊혀 산 달
둥근 달과 헤어져야 하나요

갈래요

갈래요 갈게 갈테야
자연스레 자연스런 자연에 꿈으로만 꿈꾸던 꿈들
흙 옷 흙냄새 흙 빛살을 입혀
싸움판의 싸움닭이 된 싸움 매듭을 풀고

달래 머루 소나무 고라니 멧돼지 산까치와
평생살이 벗으로 얽혀
'낮이요 밤입니다' 를 얼큰히 연주해
훤히 열린 동화를 낳을테요

널문리

거굴진 옛날을 들입다 밀쳐 버리고
휘뚜루마뚜루 넝마를 걸쳐
쥐락펴락 금을 그은 섬뜩한 널문리엔
어중이 떠중이 천둥벌거숭이들이 괴발개발로
그 욕심을 벼르는 곳이 되어
제 넋조차 잃은 듯 널문리는 여태 추레하구나
허우대는 멀쩡하지만 투미하게 자라는 안타까움들
예서 그만 허울을 벗어 거굴진 옛날로
돌아가야 하지 않을까

부릅뜬 눈 쏜살같이 그늘진 구렁조차 아끼며
훨훨 골짝을 건너 둥지를 틀면
새벽녘 큰 별이 반짝반짝 어둠을 쪼아 흩뿌리고
흙먼지 훌훌 털어 벌떡 일어서려는 새싹들
둥근 혁명이 들리시나요
가장 멀리 팽개쳐진 가장 가까운 저만큼이
꿈이고 휴식이며 넉넉한 고향인 것을
어찌 잊히리까 잊히리오

오월 어느 날

개나리 소녀를 가슴에 묻은 채
진달래 아가씨는 그냥 보내고
철쭉꽃 색시한테 매달려 가슴앓이를 하는 사랑!
날품팔이 망치질을 팽개치고 어디론가
뜬금없이 달아나고픈 오월 어느 날
늦봄 바람에 감기려는 걸까

모자라는 시골 일손들
품앗이와 두레를 그리워하는 이웃집 아저씨와
아주머니들조차 땅따먹기 놀이에 익숙해져
하얀 배꽃이 저처럼 아름다운 줄
복숭아 꽃이 이만큼 가까이 있음을
잃고 산 것이냐 잊고 산 것이냐

벌 나비 떼 나들잇길이 훤히 열린 이쯤에서
아카시아꽃 여인을 사랑하는
참사내가 되고 싶습니다

어느 여름날

까만 구름이 몰려와 캄캄한 도시
부산한 걸음들 번갯불이 번쩍 우르릉 꽝 꽝
폭격을 퍼붓는 전쟁터처럼 장대비가 쏟아지는 날
자동차들조차 거북이걸음으로 달리고

누구랄 것도 없이 가슴을 찢는 듯한 아픔
큰 죄인이 되어 용서를 비는 소중한 시간
학교와 시장과 사무실에서 안방에서
닮은 마음으로 죗값을 치루지 않을까

조바심하는 순수
번갯불이 번쩍 우르릉 꽝 꽝 폭격을 퍼붓는
전쟁터처럼 겁나는 도시에 장대비만이
한판 굿을 펼친다

쉬는 날

비가 오는 날이나 일이 없는 날이면
벼락같이 모이는 곳은 술자리 화투판뿐이라
안주로 따라오는 “여자와 똥물과 정치꾼”
이야기들 씹고

이런 날 공을 차거나 만화책이라도 읽으면
어디 덧나나 일 걱정은 깊이 잠들어
내기처럼 마셔대는 버릇 끝끝내
술주정이 말씀입니다

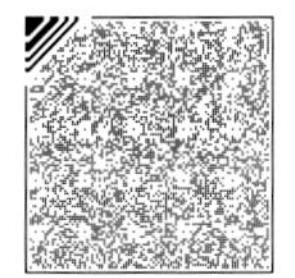

황산 아저씨

신문지와 헌책과 종이상자
온갖 고물을 가득 실은 짐수레
하루에도 서너 번씩 오간 길을 지납니다
주름 섞인 그을린 살갗에 허름한 옷차림이
그늘져 보이지만 속이 알찬 아저씨
나이에 상관없이 건강도 부자랍니다

황산시장을 꼭두새벽부터 휩쓸고
작은 골목과 큰 거리를 맘껏 누비며
마냥 즐거우신 아저씨
눈 비 바람 꿋꿋이 고물을 모읍니다
마주칠때마다 인사를 잃지 않는
그 넉넉함이 아저씨 자랑이지요

젓갈 집으로 식당으로 과일상회로
고물이 있다 하면 놓치지 않고
짐수레를 끌고 달려갑니다
남에게 들킬까봐
밤과 낮을 따로 없이 달려갑니다
빙판길과 장맛비 속에서도
먼저 꾸리러 달려갑니다

오늘도 어제처럼 아저씨가 지납니다
짐수레를 끌고 아저씨가 지납니다

한낮 더위

더위에 지친 한낮을 슬그머니 끌고와
누운 둥그나무 그늘 자리에
고맙게 기웃이던 바람 멈추고
땅속 입김 뾰로통히 올라
땀방울 절로 맺히는 한낮 더위

개똥산 옛 풍경

개똥산 방아깨비
쌀방아 보리방아 방아 찧는 날
앞마당 쓸어라 뒷마당 쓸어라
참나무 풍뎅이들 붕붕 날고요

쇠똥을 굴려 제집으로 숨는
쇠똥벌레 꿈틀거리고
산자락 모퉁이를 굽어 도는 개울물에
살방개 보리방개 멱을 감습니다

솔나무 가지에다 둥지를 튼 때까치
가벼운 인기척에도 사납게 달려드는 한낮
청설모는 무엇이 그리 바쁜지
이 나무에서 저 나무로 재주 부리고요

뻐꾸기가 가볍게 노래를 뽐내자
꾀꼬리는 뒤질세라 목청을 아끼지 않는
개똥산 풍경 속 철부지 아이들
때 가는 줄 모르며 마냥 즐겁습니다

4부

삼남매

신神

커다란 아픔 버티며
인내하시는 어머님과 더불어
태어나는 짧은 동안은 신입니다
높고 깊은 깨끗함이
뚝뚝 묻어나는 거룩함이여!
정녕 신이지요

실오라기 하나 걸치지 않은
반짝이는 신입니다
자라면서 사람으로
정이란 울타리를 두르고
인연이란 꽃나무를 가꾸며
벌 나비를 부르는 중에

어느 날부턴가
짐작지 못했던 열매에 취해
질서를 깨트리는 물결 속에서
태연히 웃음 머금은
짐승이 되어있었습니다

흰머리 숫자만큼
많은 갈등 속에서
사람으로 돌아가고파
발버둥질 치는 가련함이여
그나마 사람이 되기까지는
죽음이 가깝게 다가와 비로소
뉘우치는 깨달음이여

모든 인연을 놓는
짧은 동안이
다시 신으로 돌아가는
거짓 없는 시간입니다
하나 쥔 것 없이
욕심을 내던진
진정한 신이여!

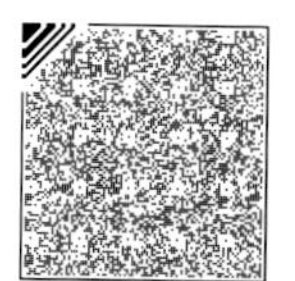

전운

이쪽 하늘로 쾅하니
저쪽 하늘로 쾅 쾅
이러다가는 며칠도 안 돼
거덜나겠다

반 토막 수수께끼
그 높은 자리를 놓칠까봐
뜻이야 어쨌든 억지 쓰는
긴 세월 동안

우리는 늘 추운 겨울 속에
찬 입김만 내뿜습니다

대화

말을 나누고 싶지만
젊은이들은 작은 기계만 두들길 뿐
아예 눈길은 감춰버렸다
어허, 이러다간 혀가 굳고
입술이 닫힐까 염려됩니다

작은 인사조차 목이 졸린 곳
혼자만이 즐기는 놀이에 빠져
젊은이들은 대화를 잃는다
첨단과학이 앞서간다지만
가슴 언 이웃끼리 정이 남았겠는가

함께 떠들어라 함께 지껄여라
젊은이여 모든 귓문이 따갑도록
무슨 말이든 상관없이 퍼 놓아라
그러면 자연스런 대화가 술술
큰 마당을 크게 씌우겠지

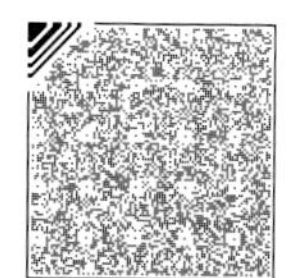

어린 시절

어머니는 둥그재로 나물 캐러 가시고
아버지는 황부들에서 물길 고르실 때에
나와 누나는 아궁이 불에 고구마를 묻었네

마래디 할머니가 따다 준 붉은 앵두를
밀대깊 큰 마디를 열어 호호 불어 띄우면
저들아 꼬마 내부는 호드기를 붑니다

어느새 밖에선 순화가 삘기 뽑으러 가자 하고
안마당에선 이들아 육촌형이 땅따먹기를 하자는데
날이 저문다고 누렁소가 법석입니다

서당산 작은 새들조차 크게 보채고요
자치기에 넋 놓은 우리들만이
저녁을 비켜가려 합니다

둥근 달이 떠오르는 밤이면 누구랄 것도 없이
둥그렇게 모여 수건돌리기에 술래잡기로
온 동네를 들쑤셔 놓지요

팔괘정

옛스러움이 죄인 양 바위산 중턱에서
홀대를 받으며 삭아 가지만
정신은 놓을 수 없어
임리정과 죽림서원을 벗으로
금강 물살 펄럭이며 귓속말 아끼지 않는다

처음 북적이던 기운 간데없이 호젓하지만
그 기운 지키려는 숨 가쁜 하늘!
역사는 늘 주는만큼 받는다는 진실을 교육으로 느끼며
몇백여 년을 묵묵히 지켜온 자리
이제는 후손들을 불러 꾸지람을 북돋을 때

전망대를 오르던 발걸음이 잠깐씩 머물다 가며
캄캄했던 내일에 빛살을 걸친다
문화재라는 감옥살이보다는
아이들 놀이터로 개방이 되어
활짝 웃어 보았으면

말

말들이 밀려온다
빗자루로 쓸어야 할 말
물걸레로 닦아야 될 말
듣기조차 민망스러운 말들이
멋대로 뭉쳐 떠들썩하다

발길질로 무너뜨려야 할 말이
커다랗게 부풀어 몸을 세우네
곱고 어여쁜 말들은
어디에 갇혀 보이지 않는지
어수선한 기운만이 가득한 앞마당

어머님께 죄스럽고
선생님께 부끄러워
모든 말들을 목욕시켜
햇볕을 쬐어야겠다

삼남매

오빠와 동생 삼남매는
하나로 똘똘 뭉쳐 살아가야만 했어요
소중스럽던 오빠와 형은
하나가 깨어지는 길로 발걸음을 옮기고 있는데
동생 두리둘은 하나로 돌아오기를 바라며
두리둘은 아낌없이 줍니다

믿음에 금이가는 내 오빠와 형이
하나로 돌아오기를
둘도 셋도 아닌 하나로 뭉치기만을
두리둘은 하나로 빌지요
내 오빠로 내 형으로 곧 돌아올 것이라고
자랑스럽게 돌아올 것이라고

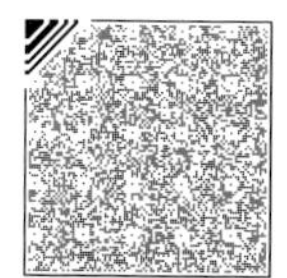

국립중앙도서관 출판예정도서목록(CIP)

하얀 시간 : 리규창 시집 / 지은이: 리규창. -- 서울 : 담장너머, 2016
p. ; cm. -- (Over a wall poetry ; 26)

ISBN 978-89-92392-47-1 03810 : ₩9000

한국 현대시[韓國現代詩]

811.7-KDC6
895.715-DDC23 CIP2016012540

Over a Wall Poetry
26

하얀 시간

2016년 5월 23일 초판 1쇄 인쇄
2016년 5월 31일 초판 1쇄 펴냄

지은이 | 리규창
펴낸이 | 송계원
디자인 | 송동현 정선
제 작 | 민관홍 박동민 민수환
펴낸곳 | 도서출판 담장너머
등 록 | 2005년 1월 27일 제2-4102
주 소 | 04626 서울시 중구 퇴계로36나길 19-13, 105호
전 화 | 02-2268-7680, 010-8776-7660
팩 스 | 02-2268-7681
이메일 | overawall@hanmail.net
카 페 | http://cafe.daum.net/overawall

ISBN 89-92392-47-1 03810
값 9,000원